Dreiecke, Vierecke, Kreise

1 Erkennst du die Verkehrszeichen? Welche Formen haben sie?
Umrande Dreiecke, Vierecke und Kreise.

2 Lege dieses Muster nach. Färbe die Vierecke und Dreiecke mit verschiedenen Farben.

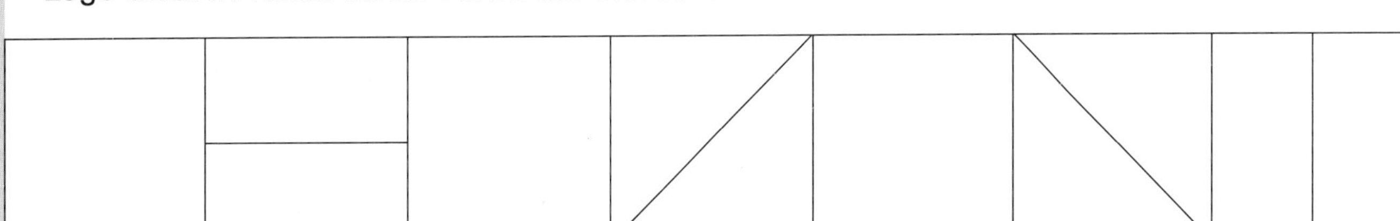

Dreiecke, Vierecke, Kreise

1 Färbe: □ rot ▭ blau △ grün ○ gelb

2 Lege diese Figuren nach.

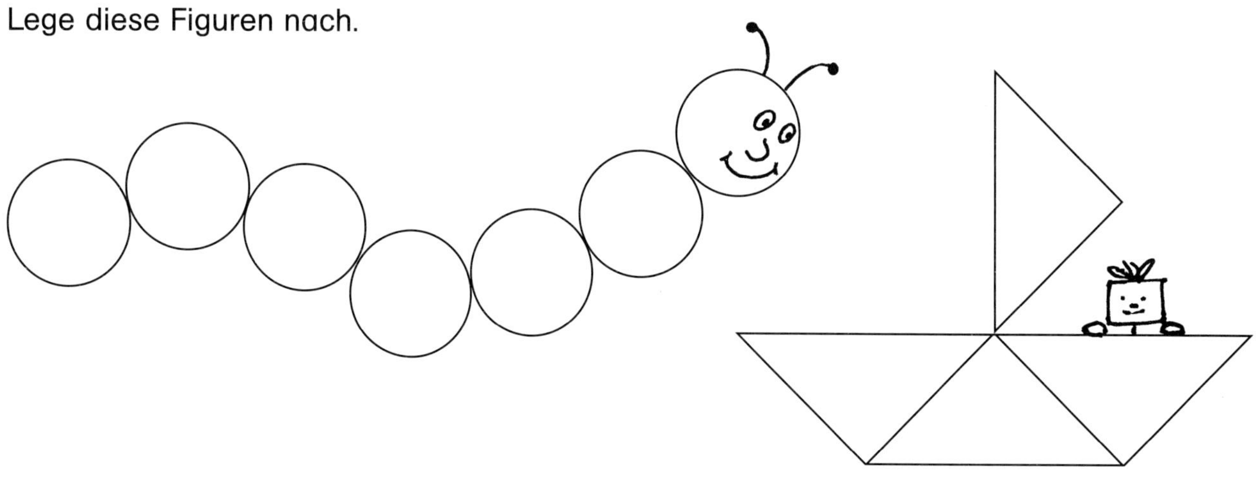

3 Färbe das Muster.

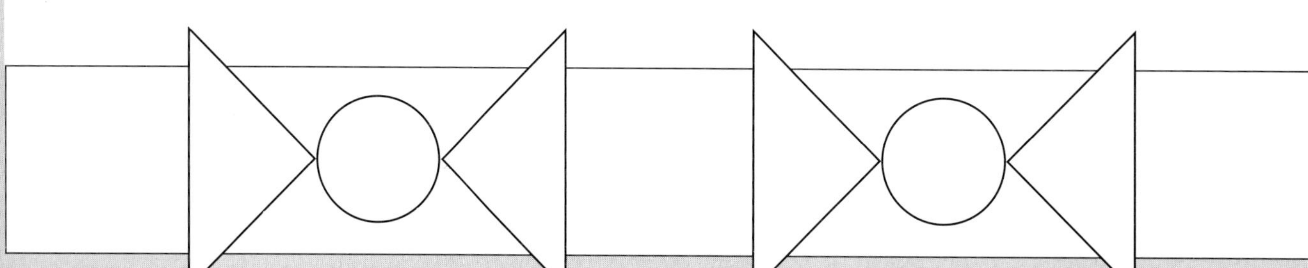

Dreiecke, Vierecke, Kreise

1 Umrande: □ rot ▭ blau △ grün ○ gelb

2 Zeichne Muster mit einer Schablone
oder umfahre Münzen, Radiergummi, ...

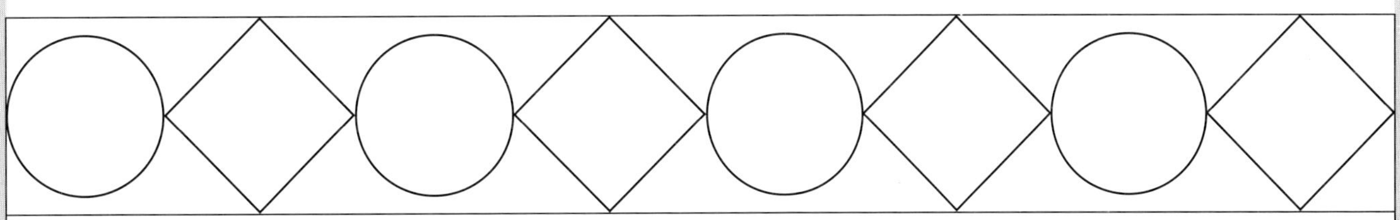

3 Färbe die Flächen.

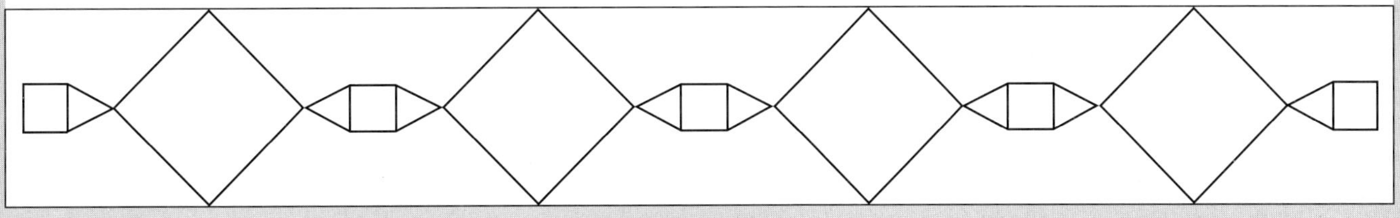

Für Einladungen können diese Muster als Rahmen verwendet werden.

Dreiecke, Vierecke, Kreise

1 Zeichne Muster mit Lineal oder frei Hand.

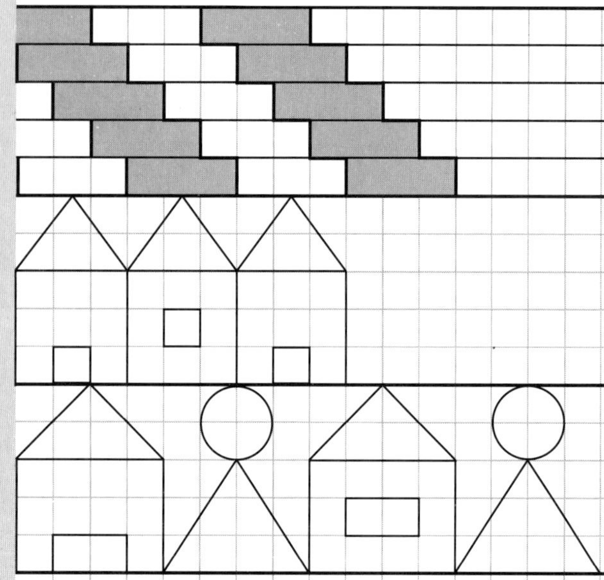

2 Drucke zwei Muster. Verwende einen Korken oder einen anderen Gegenstand.

3 Setze das Muster fort. Verwende Münzen.

Bilder suchen und legen

1

a) Male aus: □ rot ▭ blau

△ grün ○ gelb

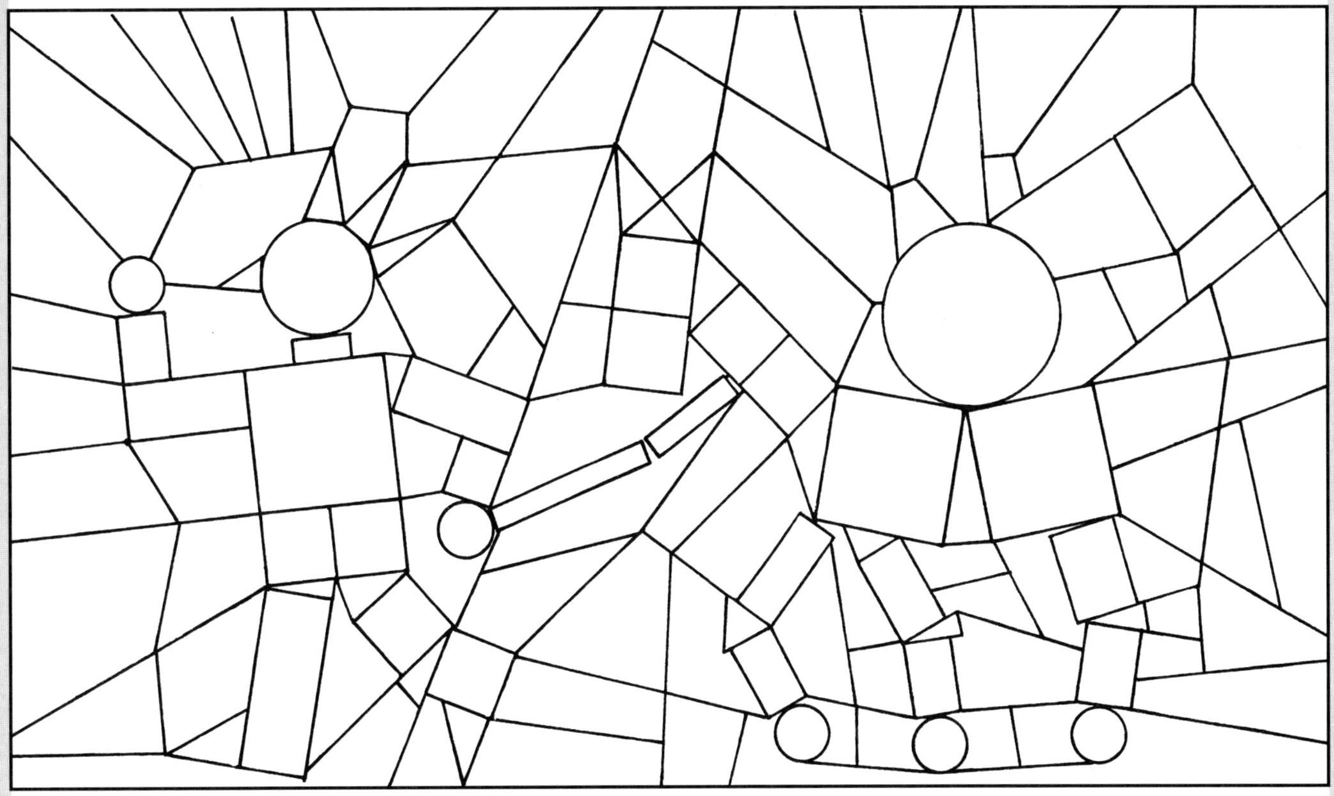

b) Zähle die Quadrate, die Rechtecke, Dreiecke und Kreise im Bild.

□ ____ ▭ ____ △ ____ ○ ____

2

Lege diese und andere Figuren mit 12 Stäbchen.

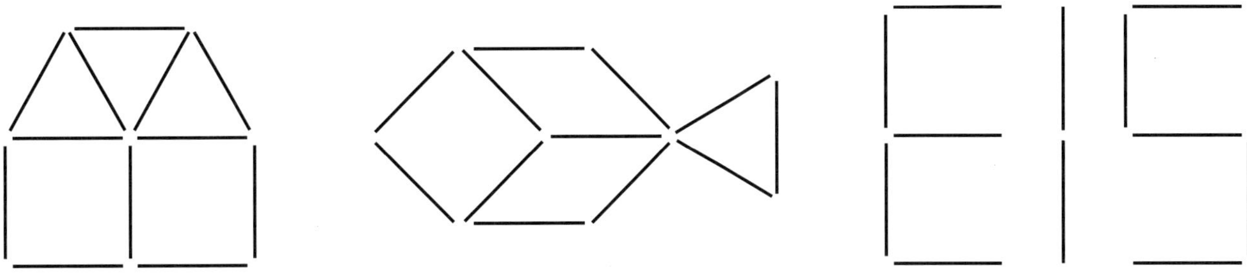

3

a) Setze das Muster fort. Färbe die Flächen.

b) Lege mit Stäbchen oder Plättchen dieses Muster nach.

Suchbilder

1

Male alle Rechtecke grün, alle Dreiecke blau und alle Kreise gelb aus.

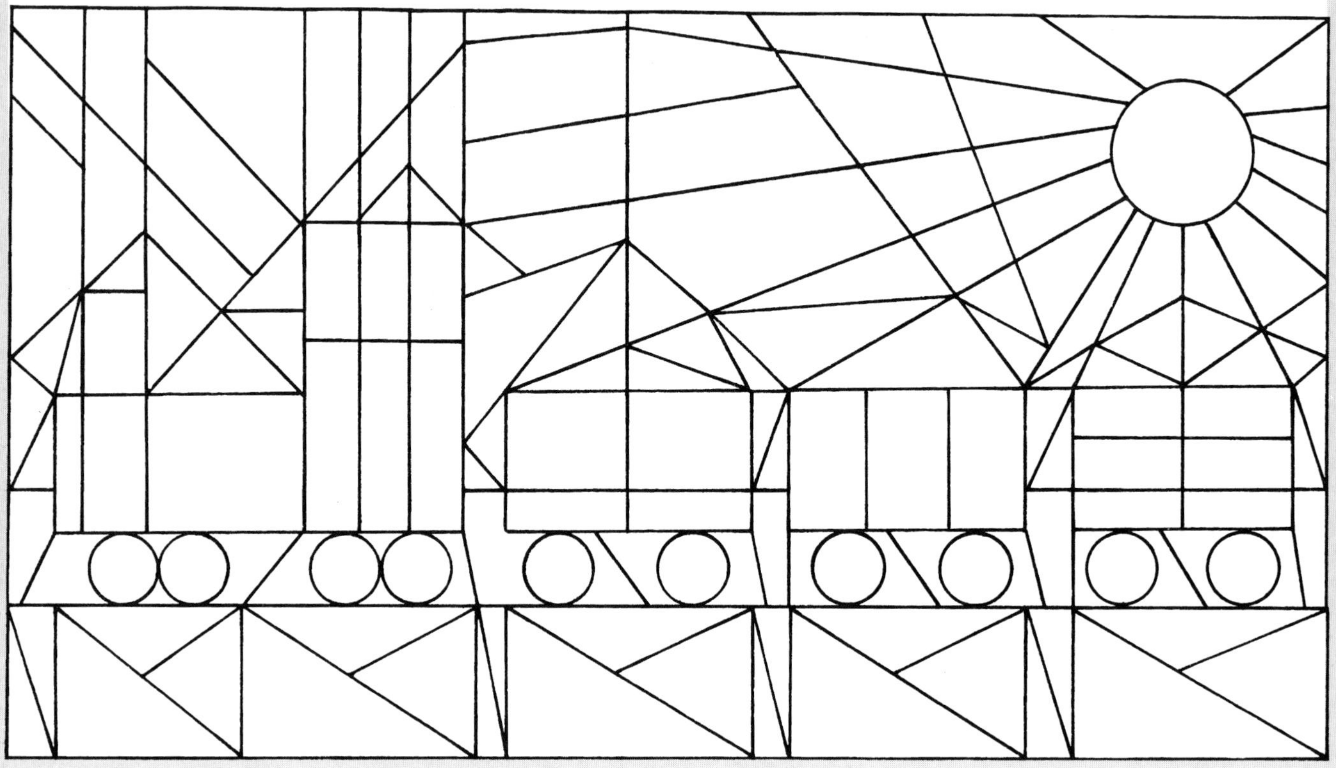

2

Hier sind Häuser versteckt. Umfahre sie farbig.
Findest du noch andere Häuser?
Du darfst die Seite auch drehen.

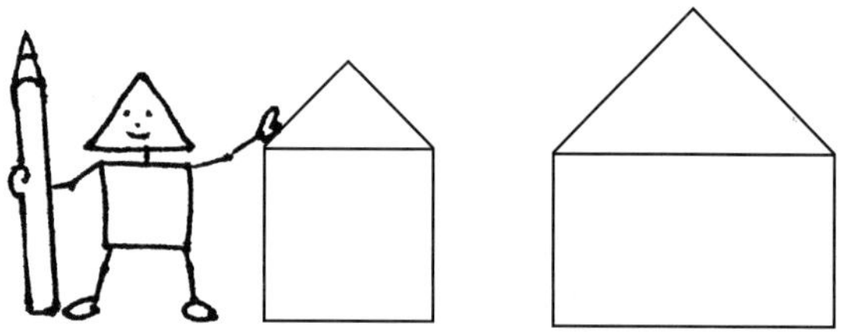

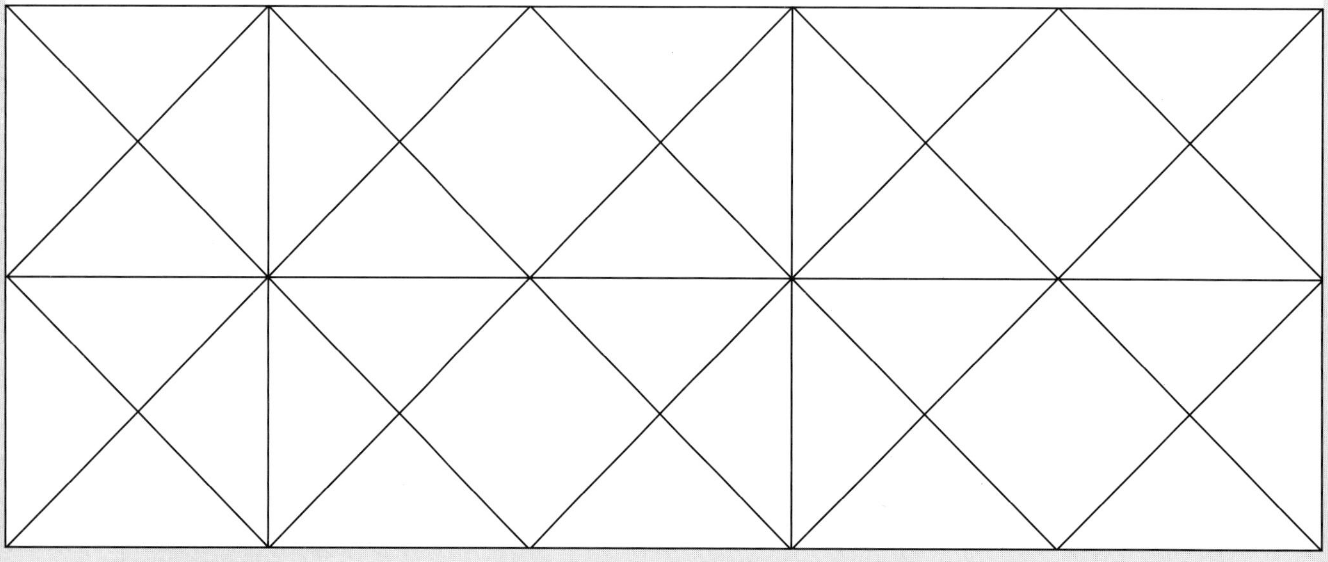

3

Verstecke die Segelboote in einem Suchbild. Nimm ein Lineal.

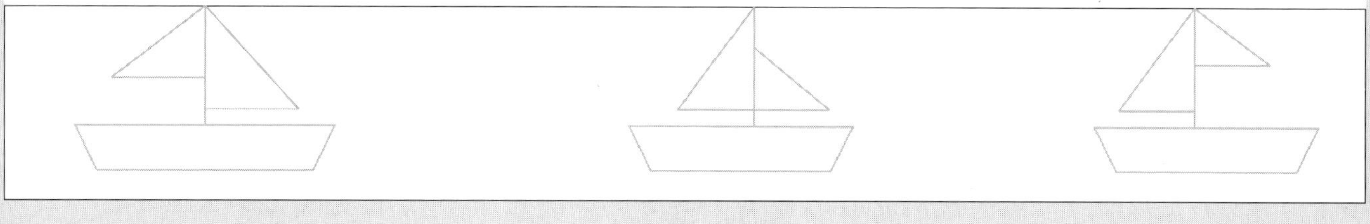

Muster

1 a) Gestalte den Rahmen. Verwende drei Farben.
b) Überlege dir ein eigenes Muster für die Mitte.
Du kannst auch die Linien der mittleren Karos verlängern.

1

a) Zeichne einige **gerade Linien** rot nach. Verwende das Lineal.
b) Ziehe einige **gekrümmte Linien** grün nach.

Gerade Linien

1 Verbinde gleiche Zeichen der Reihe nach. Verwende Bleistift und Lineal.
Es entstehen 3 Bilder, die du am Sternenhimmel entdecken kannst.
Sie heißen Drache, Großer Wagen und Kleiner Wagen.

2 Setze fort.

Strecken messen

1 Miss die Längen der Häuser und schreibe sie auf.

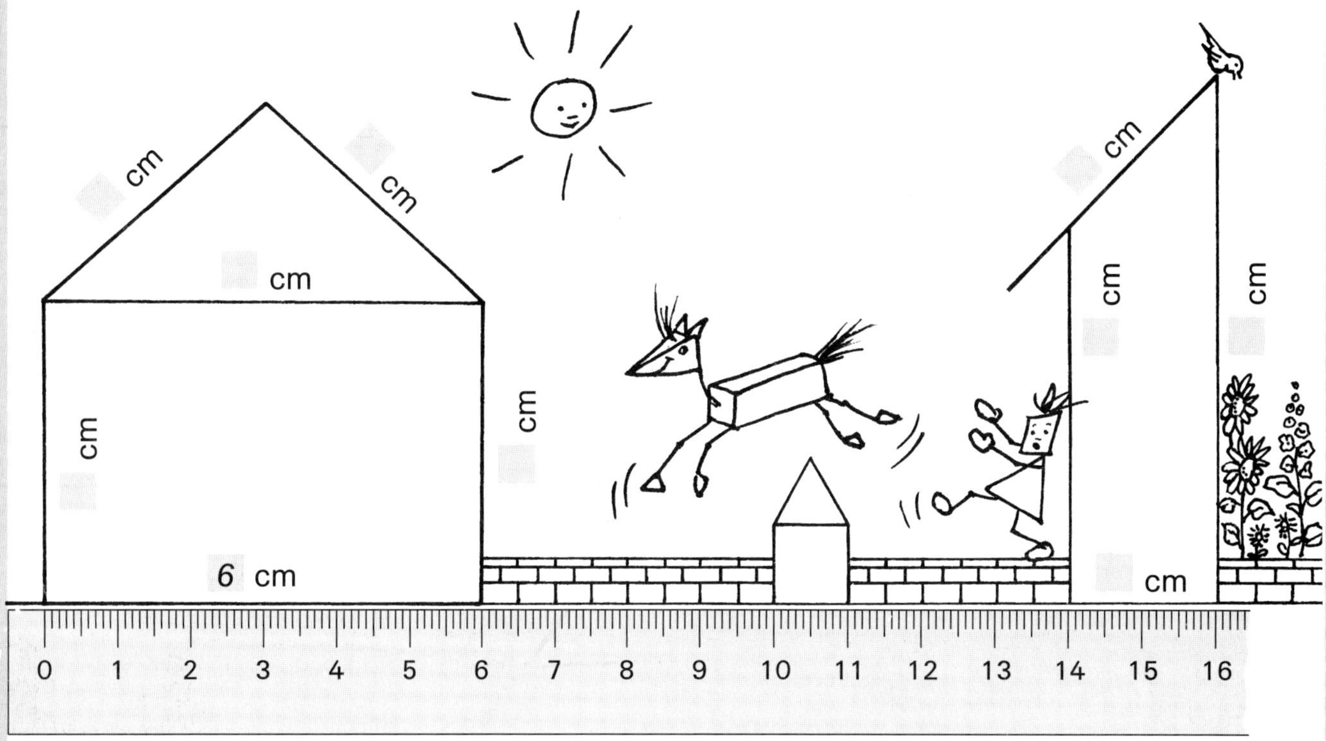

2 a) Miss ab. Zeichne gleiche Längen mit gleicher Farbe nach.
b) Verwende die gleichen Farben jetzt auch in Aufgabe 1.

Längen schätzen, messen und vergleichen

1 Verschiedene Wege führen zur Burg. Schätze zuerst und miss dann.
Die Längen der Teilstrecken kannst du an die Wanderwege schreiben.

Wer hat den kürzesten Weg? ______________________

	schätzen	messen	Unterschied
Gea	cm	cm	cm
Geo	cm	cm	cm
Geogine	cm	cm	cm

1

Schätze die Längen der Strecken und miss mit dem Lineal nach.
Ordne nun die Strecken nach ihrer Länge in die Tabelle ein.
Beginne mit der kürzesten Strecke.

Strecke	Länge
$\overline{OP}$	*6* cm

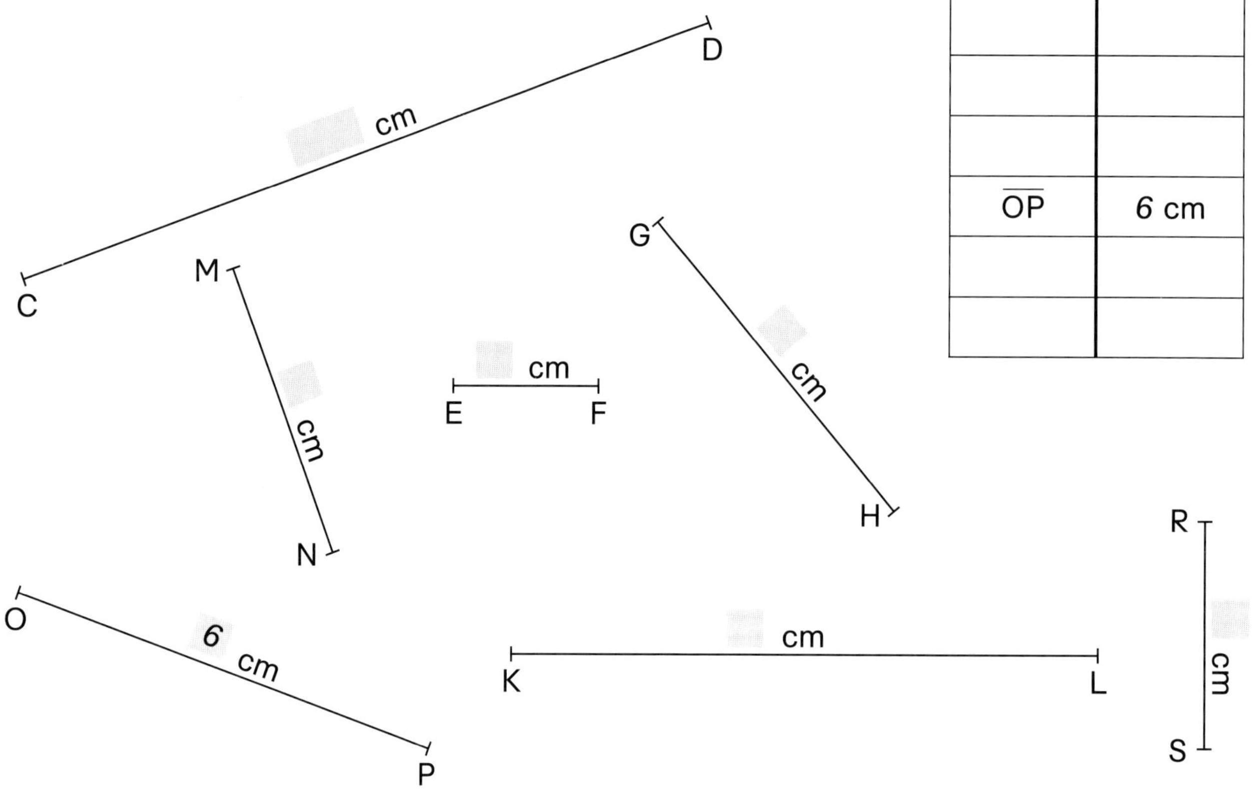

2

Miss Strecken an dieser Figur.

Strecke	Länge
$\overline{AB}$	*70 mm*
$\overline{BC}$	
$\overline{CE}$	
$\overline{AC}$	
$\overline{BM}$	

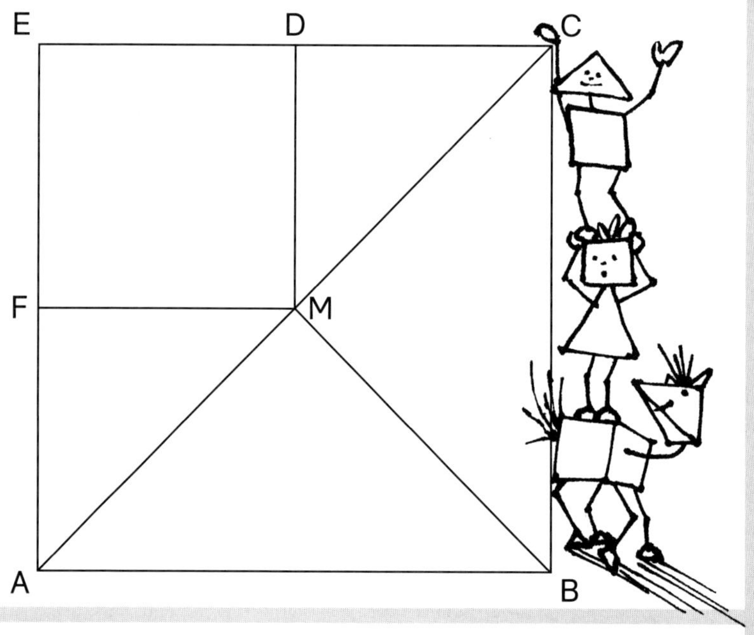

3

Setze fort.

1

a) Übertrage die fünf Teile des Quadrates der Seite 12 auf Gitterpapier.

Schneide sie aus und lege die Figuren Ⓐ, Ⓑ und Ⓒ aus.

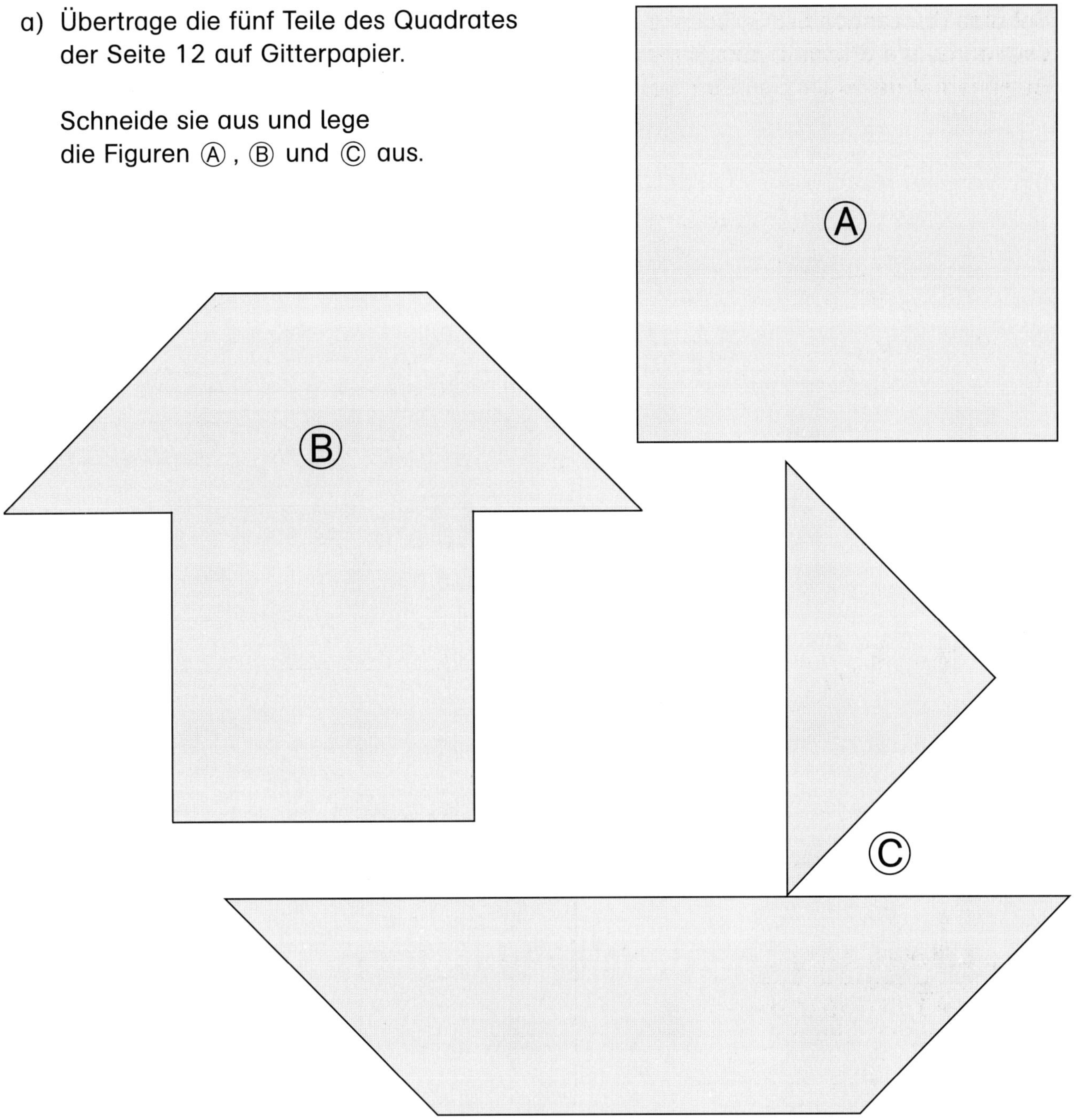

b) Die Figuren Ⓓ, Ⓔ und Ⓕ sind verkleinert. Lege sie nach.

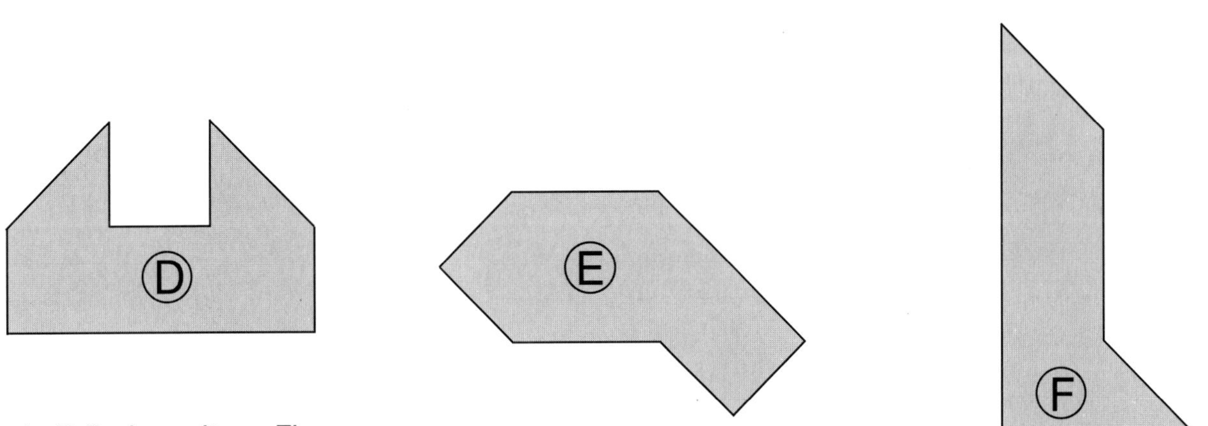

c) Erfinde weitere Figuren.

1

Auf der Geraden a ist eine Strecke von ___ cm festgelegt.
Lege auf der Geraden b eine Strecke von 5 cm, auf der Geraden c eine Strecke von 7 cm und auf der Geraden d eine Strecke von 9 cm fest.

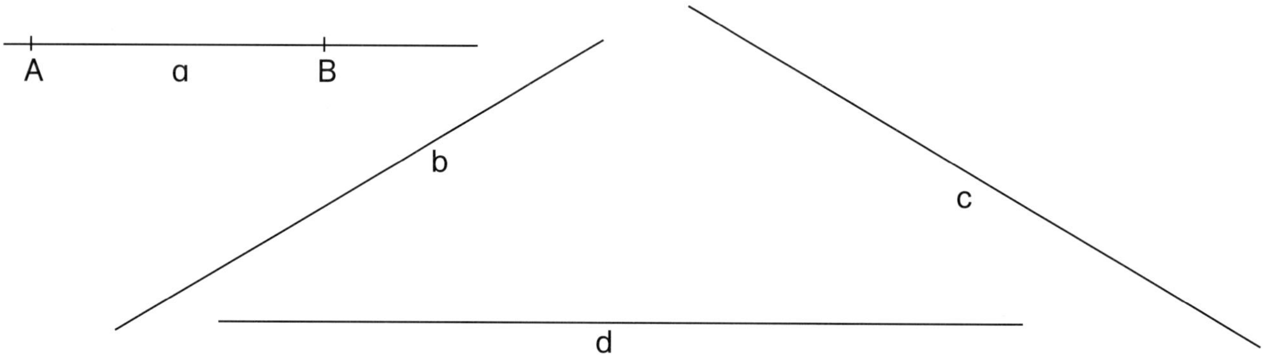

2

Trage Strecken ab: $\overline{MA} = 3$ cm, $\overline{MB} = 4$ cm, $\overline{MC} = 9$ cm,
$\overline{MD} = 35$ mm, $\overline{ME} = 45$ mm, $\overline{MF} = 15$ mm,
$\overline{MG} = 8$ cm 5 mm, $\overline{MH} = 5$ cm 5 mm.

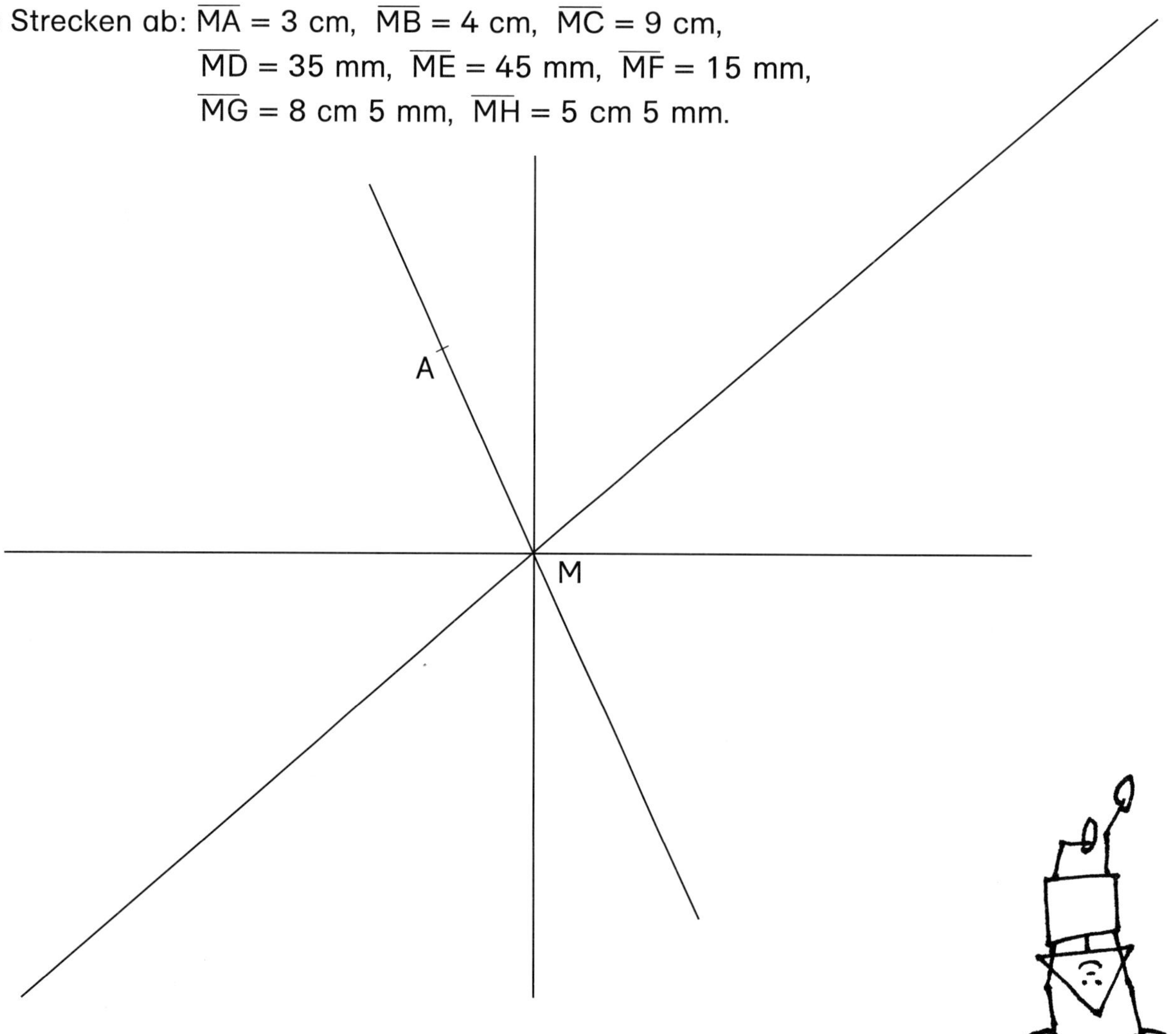

3

Setze das Muster fort.

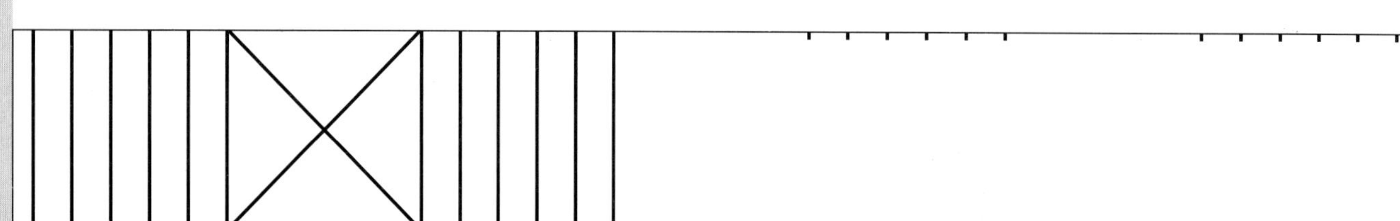

1 Verbinde Name und Baustein.

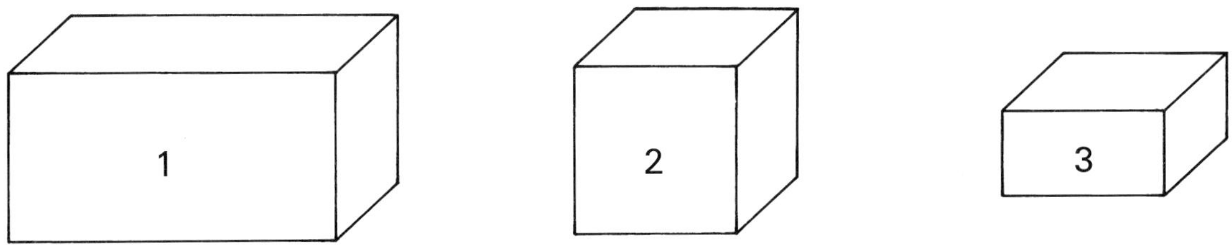

Quader Würfel Kugel Walze (Zylinder)

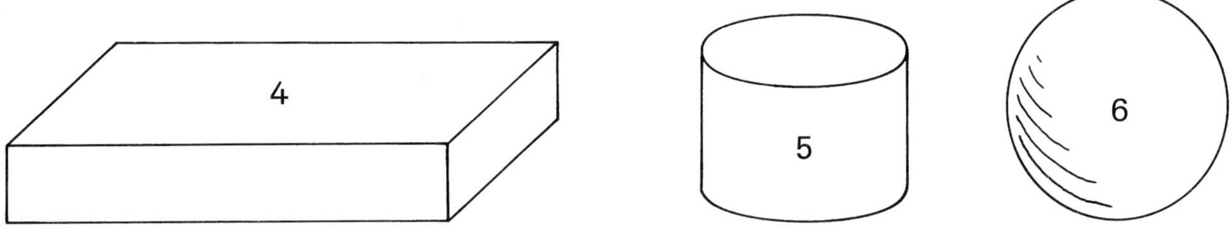

2 Färbe die Körper in den Figuren:

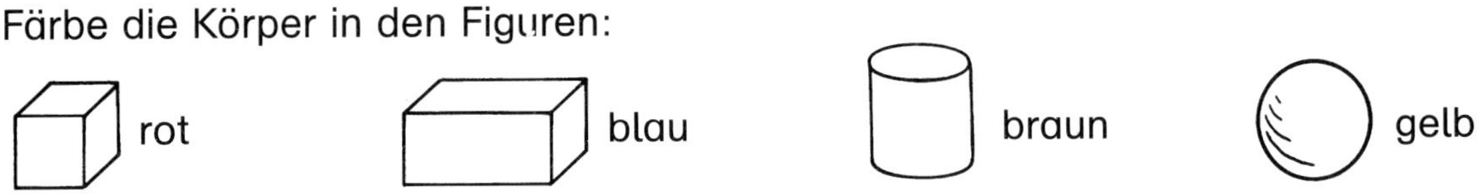

1

a) Miss die Höhe und Breite einiger Bausteine.
b) Miss die Höhe und Breite des Turmes.

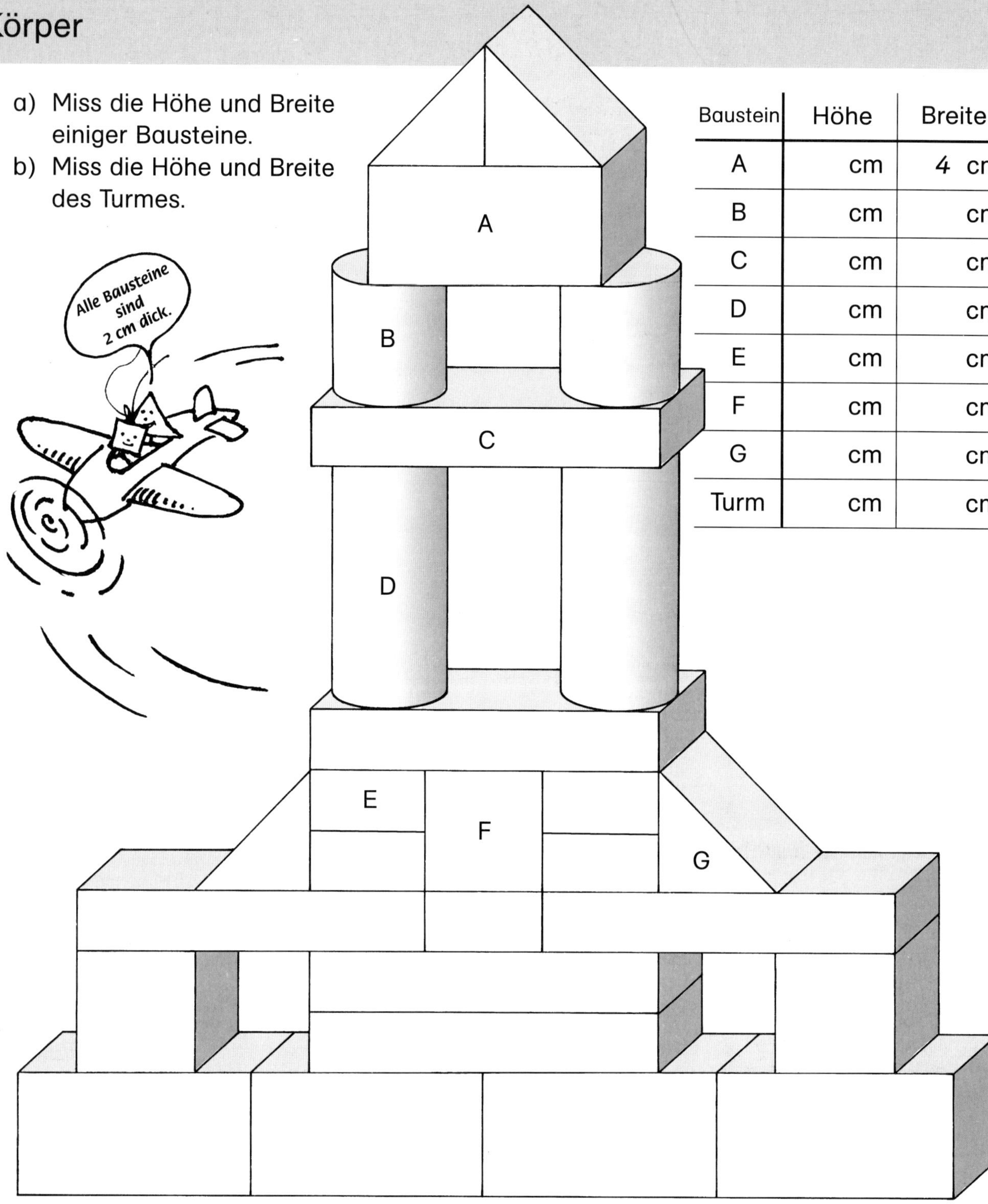

Baustein	Höhe	Breite
A	cm	4 cm
B	cm	cm
C	cm	cm
D	cm	cm
E	cm	cm
F	cm	cm
G	cm	cm
Turm	cm	cm

2

Trage die Anzahl der verwendeten Bausteine ein.

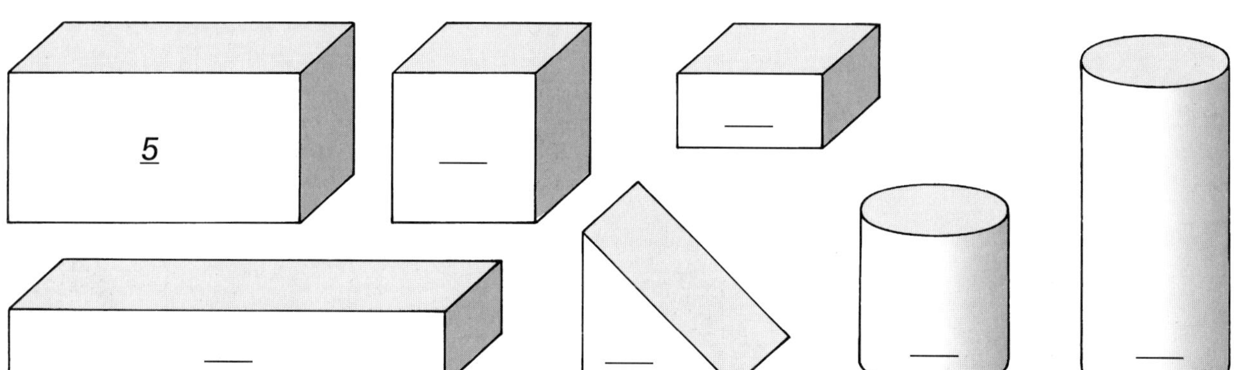

Würfel

1 Baue diese sieben Figuren mit Steckwürfeln nach.
Zähle die Würfel und trage die Anzahl auf der Linie ein.
Setze diese sieben Teile zu einem Würfel zusammen („Somawürfel“).

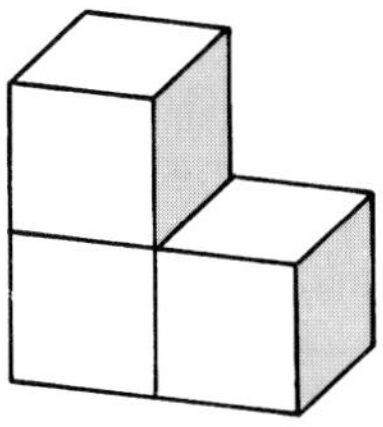
A: _____

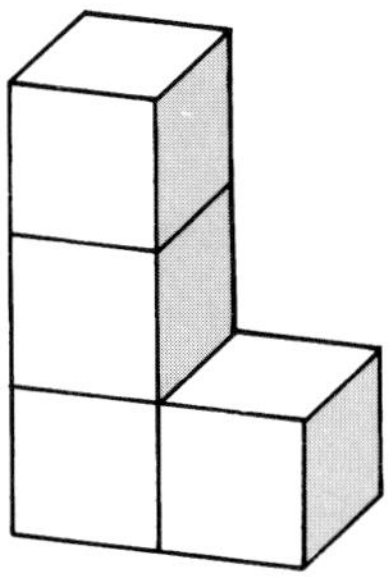
B: _____

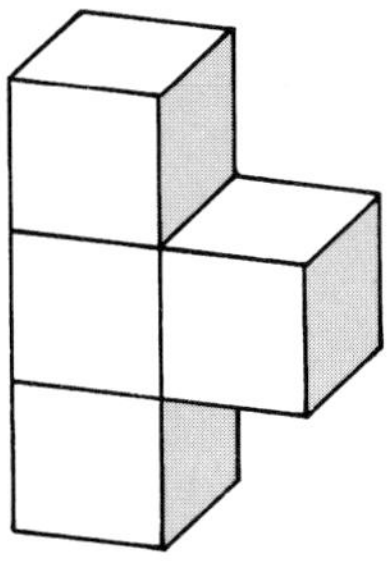
C: _____

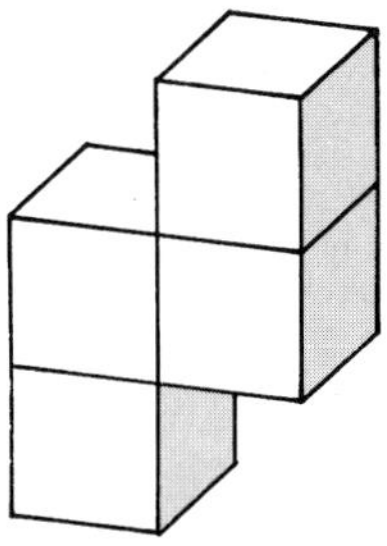
D: _____

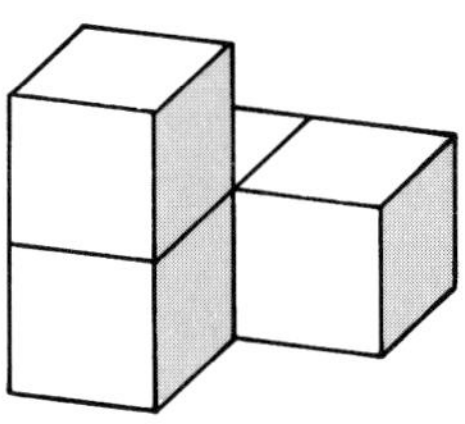
E: _____

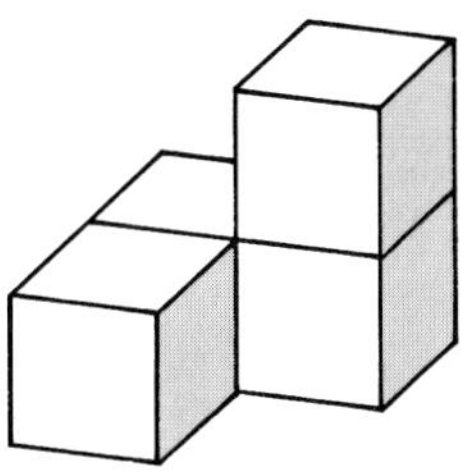
F: _____

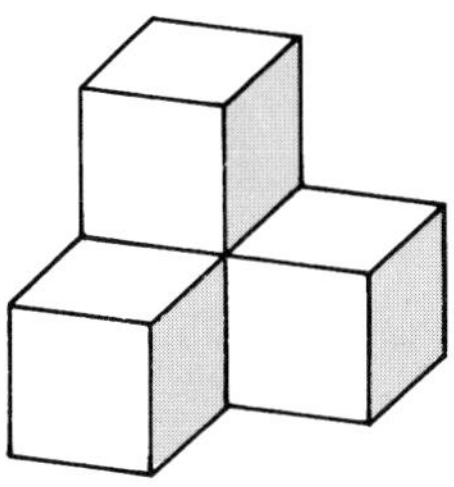
G: _____

2 a) Baue die Körper A, B, C und D mit Steckwürfeln nach.

b) Wie viele Würfel fehlen noch, damit Quader entstehen?
Trage die Anzahl in die Tabelle ein.

A

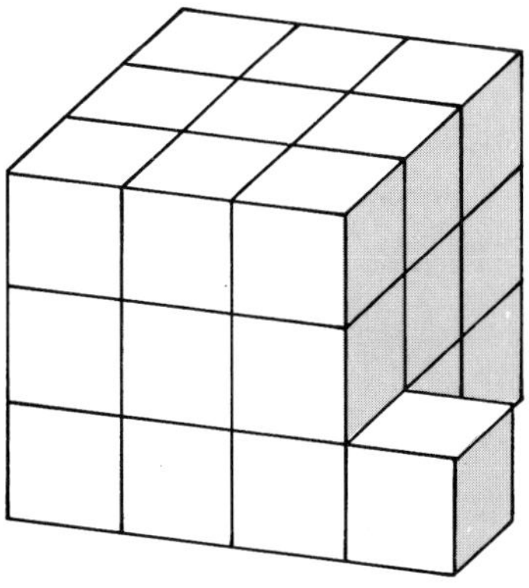
B

Körper	vorhandene Würfel	fehlende Würfel
A		
B		
C		
D		

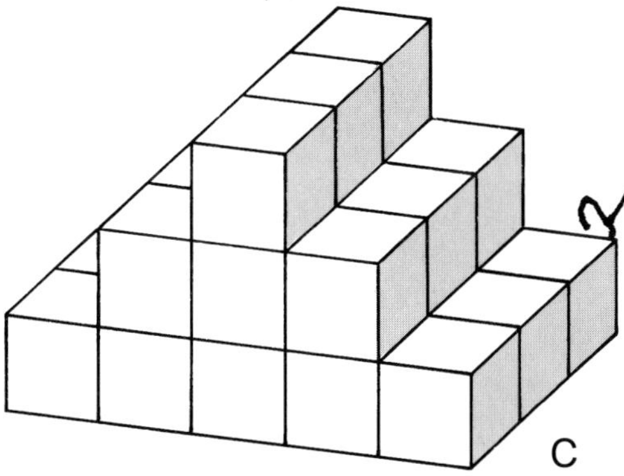
C

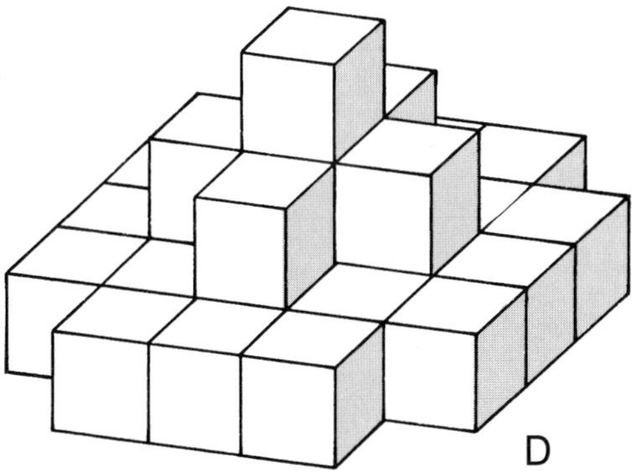
D

Baupläne zu Würfelanordnungen

1

a) Baue die Figuren mit Würfeln nach.

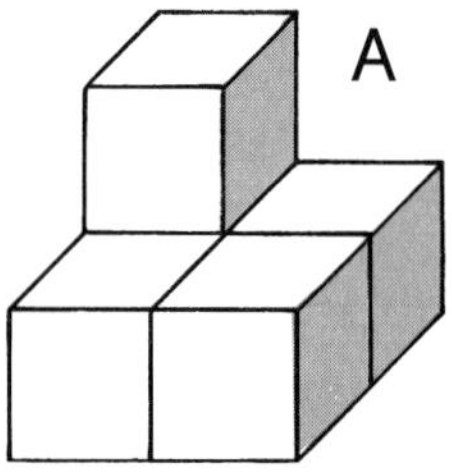

A

Bauplan:

2	1
1	1

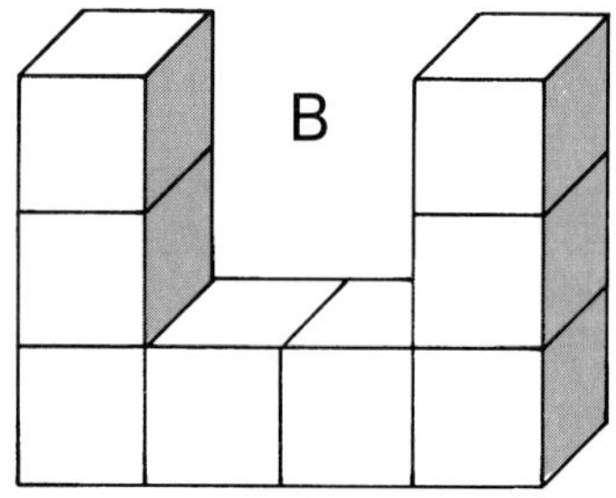

B

Bauplan:

3	1	1	3

b) Wie viele Würfel musst du hinzufügen,
damit die Figur A ein Würfel und die Figur B ein Quader wird?

A: ______ B: ______

2

a) Baue diese Figuren nach ihren Bauplänen nach.

2	3	4
1	2	3

C

3	2	1
2		
1		

D

2	2
2	2

E

1	1	2	1	1
1	2	3	2	1
1	1	2	1	1

F

b) Wie viele Würfel musst du hinzufügen, damit Quader entstehen?

C: ______ D: ______ E: ______ F: ______

3

Erstelle eigene Baupläne und baue die Körper.

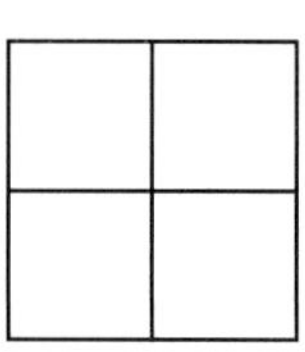

G

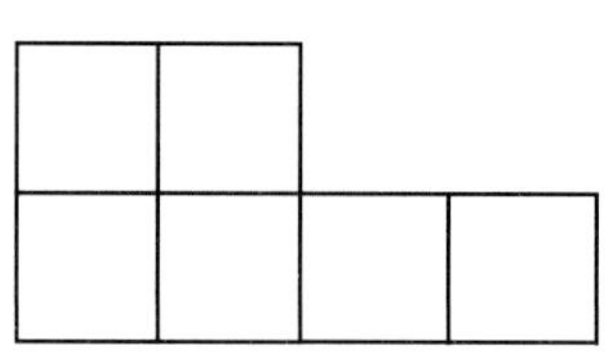

H

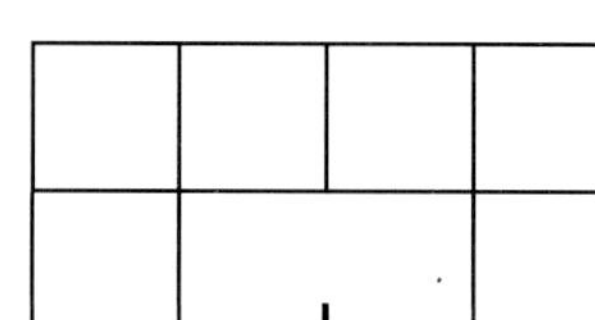

I

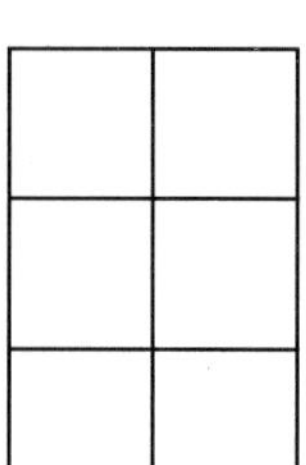

J

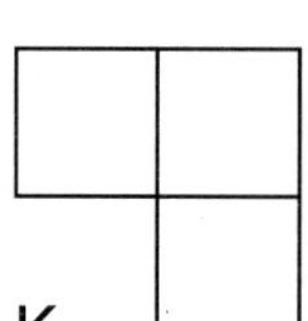

K

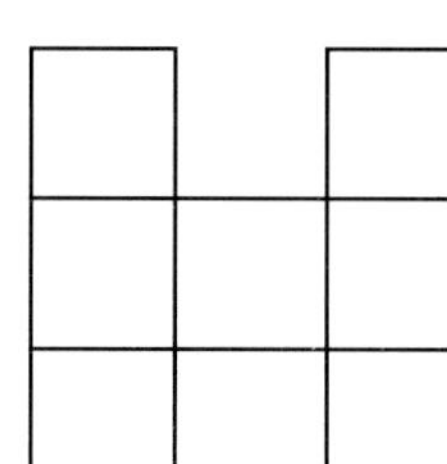

L

Quadernetz und Würfelnetz

1

a) Male die gegenüberliegenden Seiten des Quaders und des Würfels mit gleicher Farbe an. Schneide dann aus und klebe zusammen.

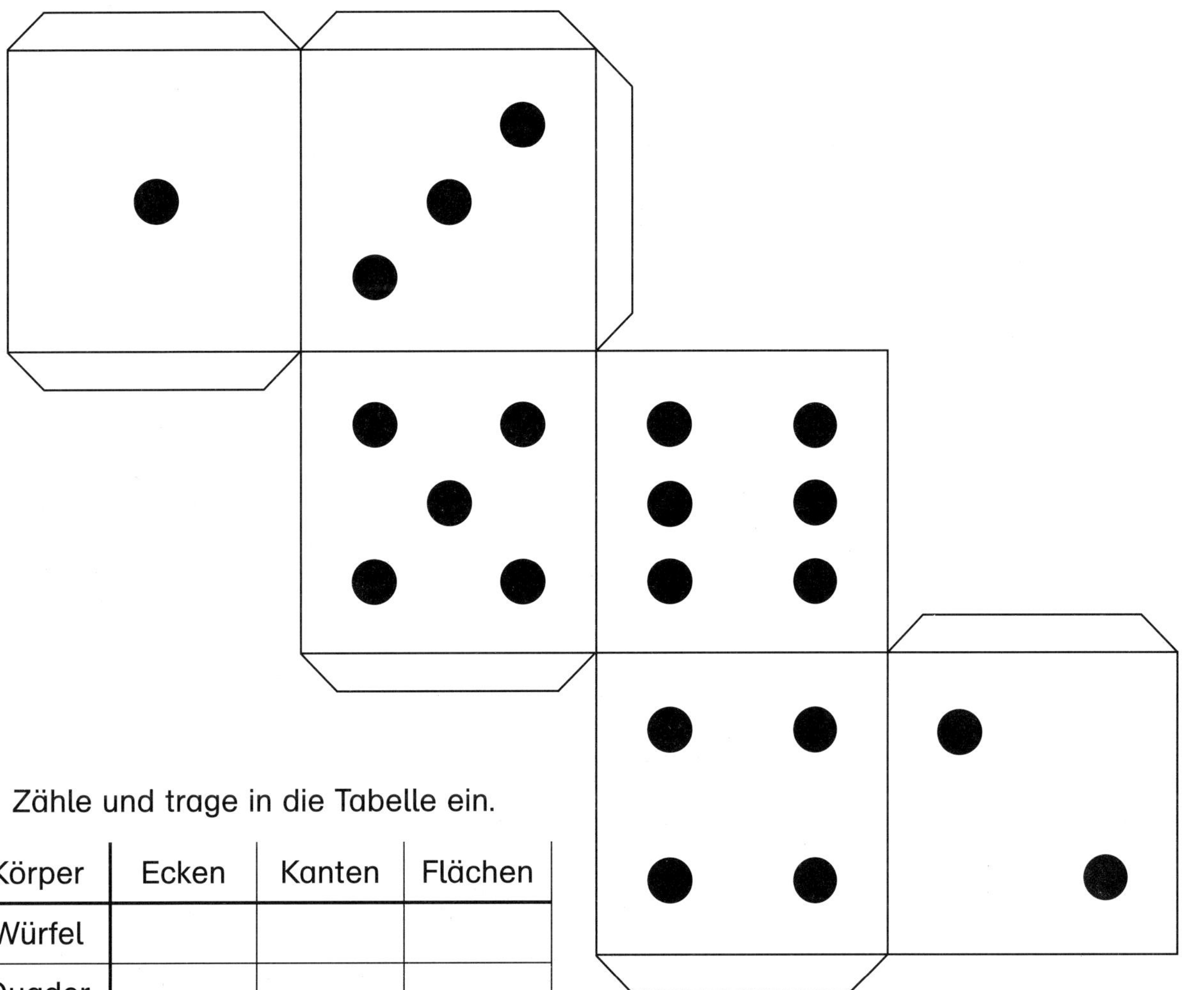

b) Zähle und trage in die Tabelle ein.

Körper	Ecken	Kanten	Flächen
Würfel			
Quader			

Formen – Memory

1

a) Male die Bilder farbig aus.

b) Schneide die 16 Kärtchen aus.

c) Suche dir einen Partner.
Vermischt die Kärtchen
und legt sie umgekehrt auf den Tisch.
Nun könnt ihr Memory spielen.

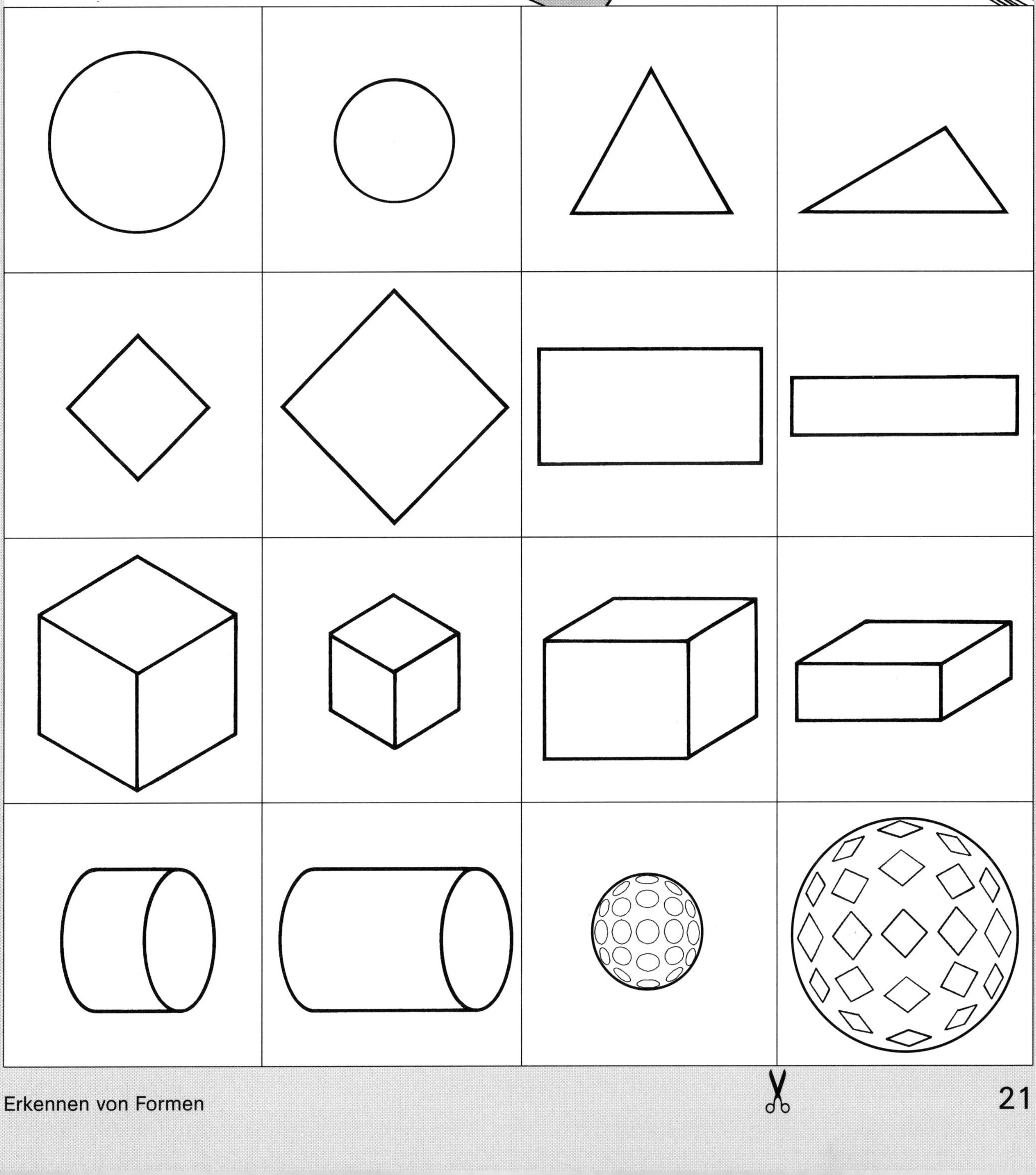

Parallel, senkrecht, rechter Winkel

1 Aus welchen Flächen ist die Eisenbahn zusammengesetzt?

____

Faltwinkel

Überprüfe mit einem Faltwinkel, welche geraden Linien senkrecht zueinander stehen.
Kennzeichne sie so: ∟.
Suche an der Eisenbahn parallele gerade Linien. Zeichne sie mit gleicher Farbe nach.

2 Zeichne das Bild weiter.
Finde Figuren, die parallele gerade Linien und rechte Winkel haben.

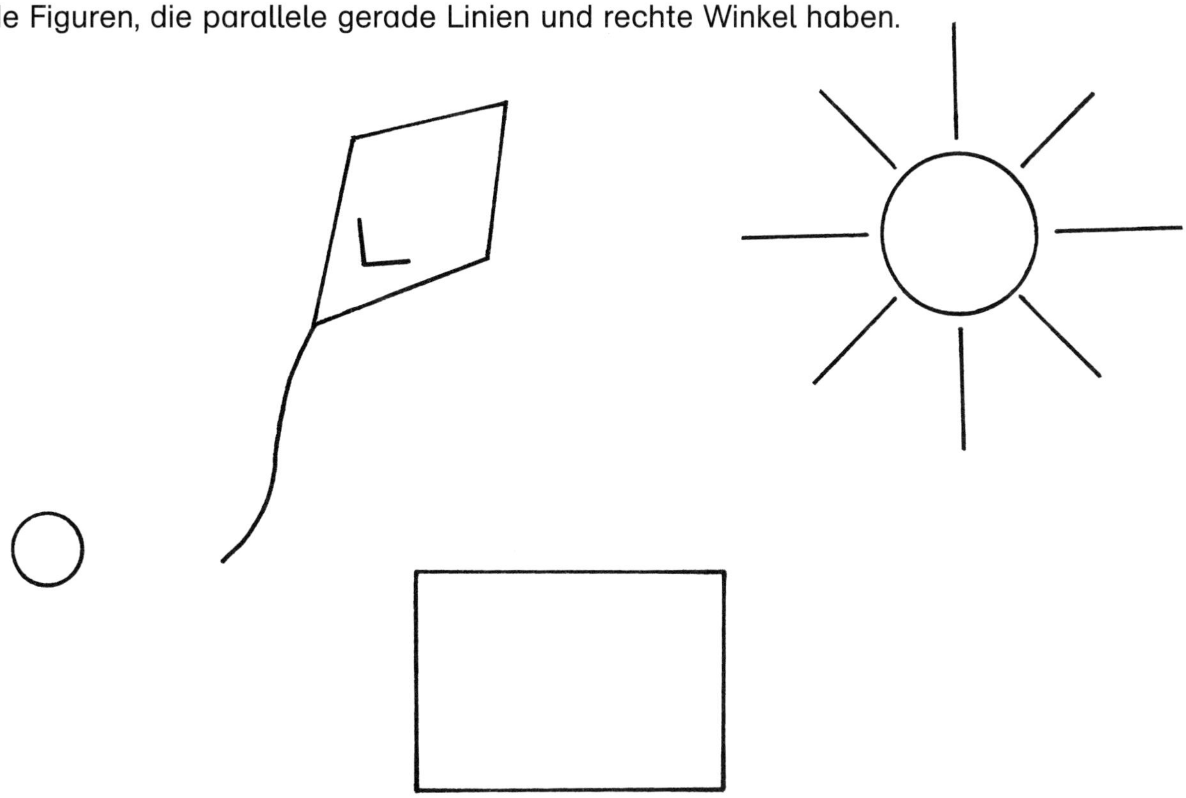

3 Setze das Muster fort.

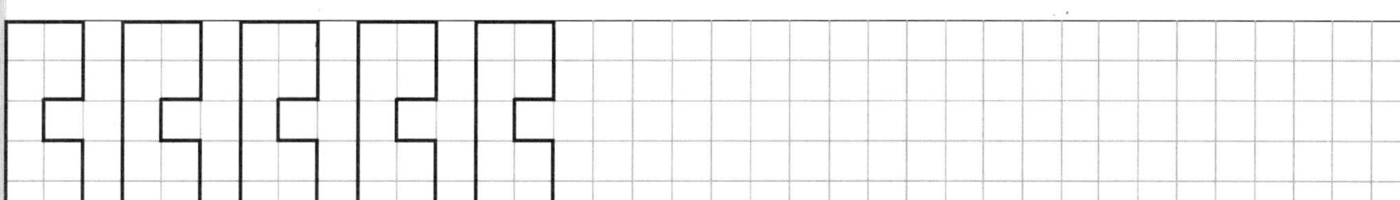

Parallel, senkrecht, rechter Winkel

1

a) Verbinde zu Vierecken und Dreiecken.
b) Fülle die Tabellen aus.
c) Kennzeichne rechte Winkel.
d) Zeichne parallele Seiten mit gleicher Farbe nach.

D

A C

Strecke	$\overline{AB}$	$\overline{BC}$	$\overline{CD}$	$\overline{DA}$
Länge				

B

H

G

Strecke	$\overline{EF}$	$\overline{FG}$	$\overline{GH}$	$\overline{HE}$
Länge				

E

L K

F

Strecke	$\overline{IK}$	$\overline{KL}$	$\overline{LI}$
Länge			

I O

Strecke	$\overline{MN}$	$\overline{NO}$	$\overline{OM}$
Länge			

M N

2

Falte nach.

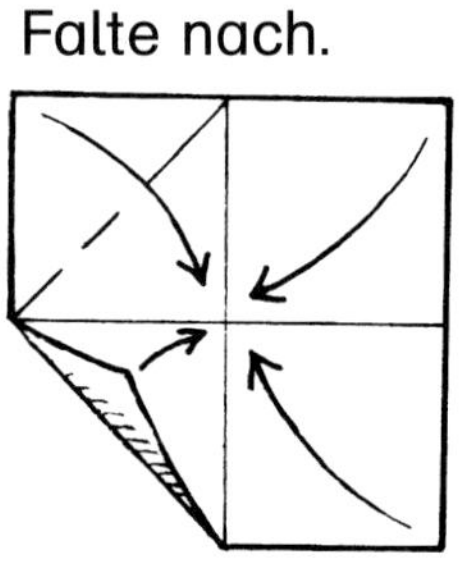

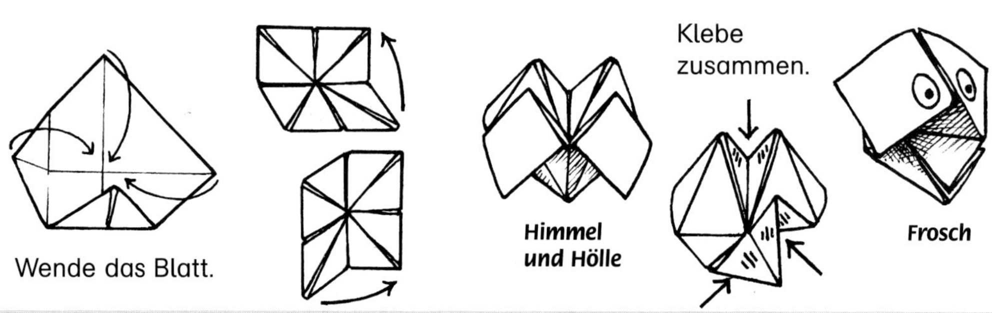

Formen-Domino

1

a) Färbe gleiche Flächen mit gleicher Farbe.

b) Schneide die 28 Dominosteine aus.

c) Spiele Domino.

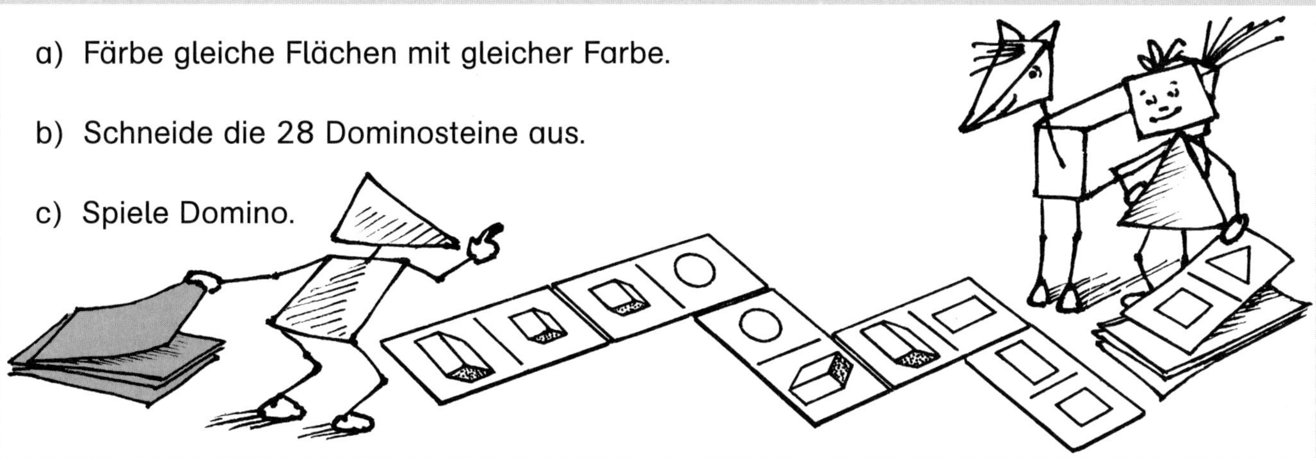

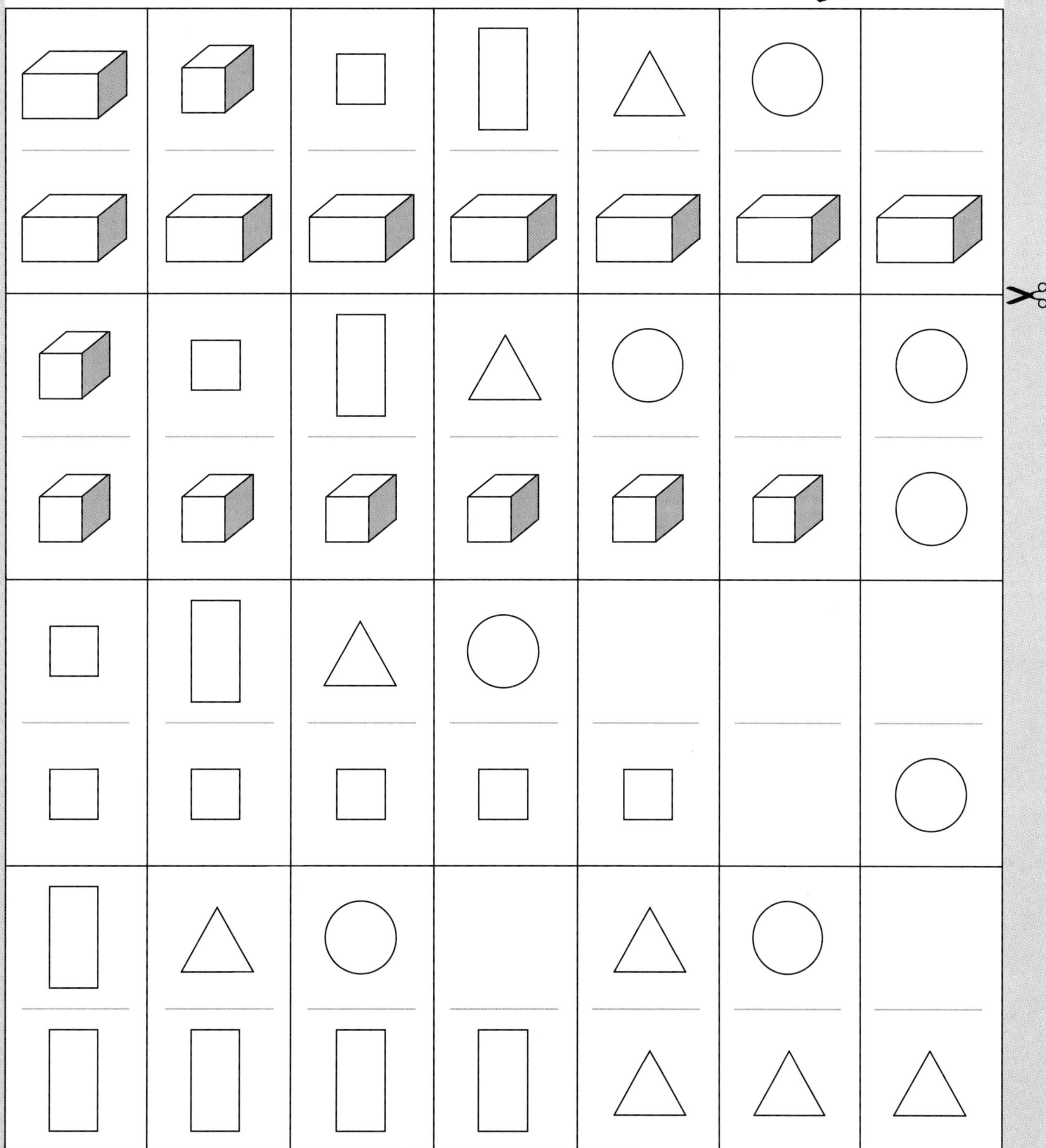

Spiegelbilder

1

a) Zeichne die Spiegelachsen nach.

b) Du kannst auch selbst Spiegelbilder durch Falten und Schneiden herstellen.

2

Zeichne die rechte Seite des Drachens mit dem Lineal.
Die Karo-Linien helfen dir.

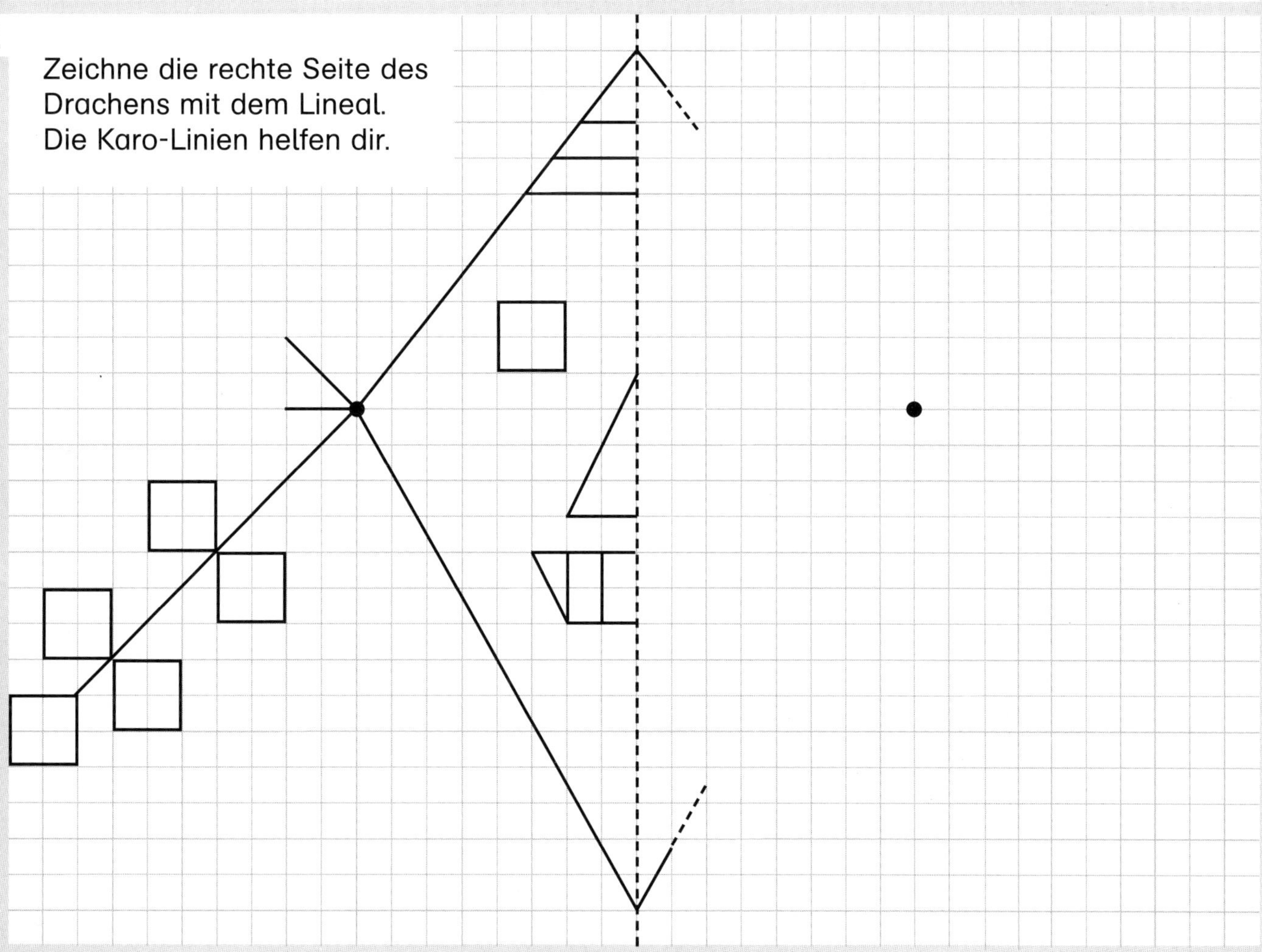

Spiegeln, Symmetrie

1 Zeichne die Spiegelbilder
und male die Figuren farbig aus.

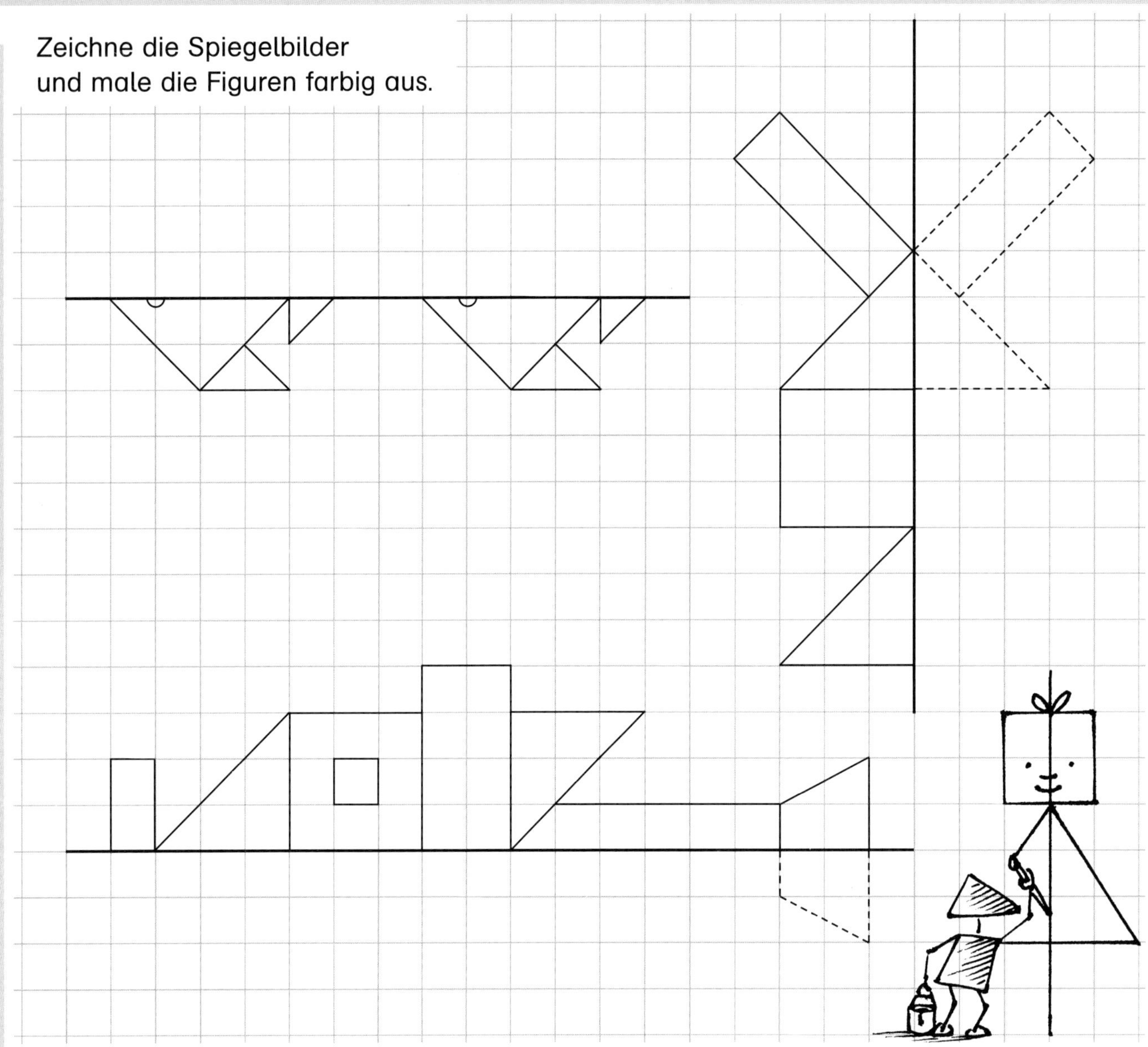

2 Zeichne in die Klecksbilder die Spiegelachse ein.

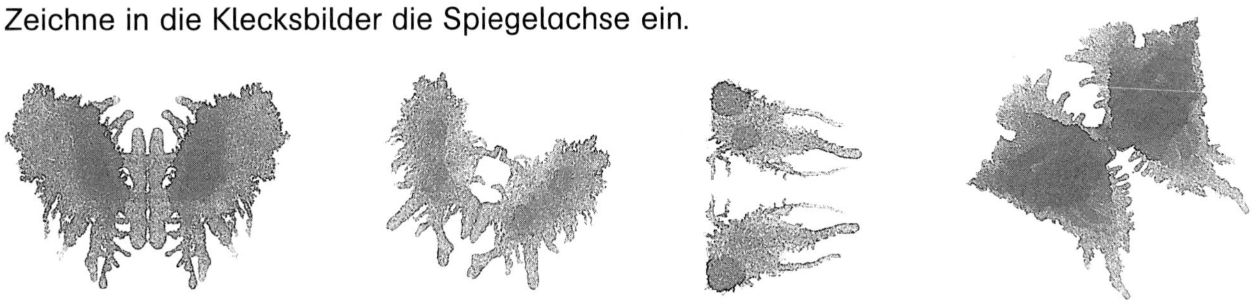

3 Klebe kleine Reißbilder und kleine Klecksbilder auf. Zeichne die Spiegelachse ein.

Schachbrett-Puzzle

1

a) Zerschneide das Schachbrett wie Ⓐ, Ⓑ oder Ⓒ. Mische die Teile durcheinander und klebe sie dann wieder zu einem Schachbrett zusammen.

b) Du kannst auch einen anderen Vorschlag ausprobieren, wenn du dein aufgeklebtes Schachbrett wieder zerschneidest.

Ⓐ

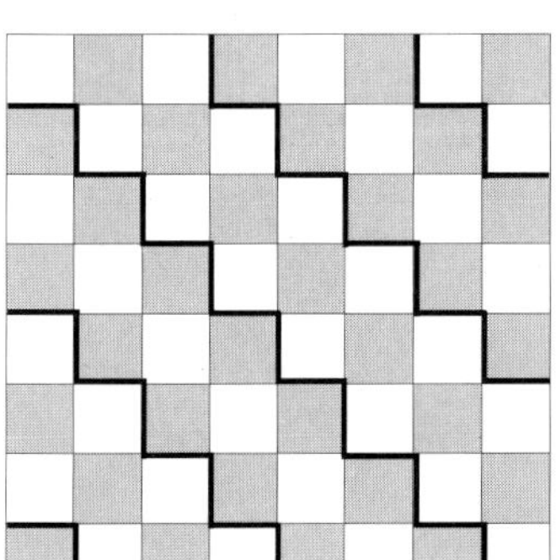

Ⓑ

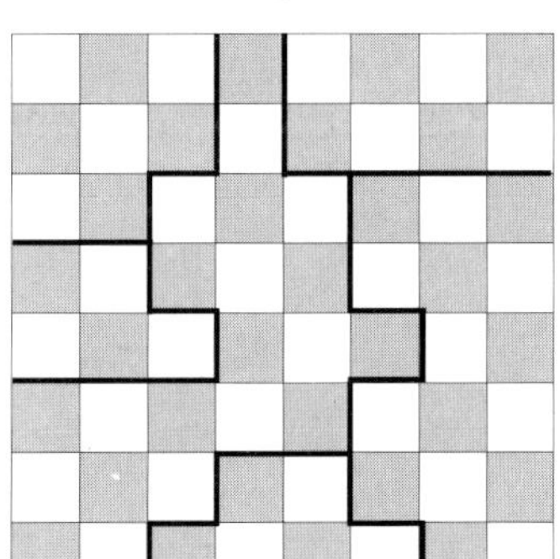

Ⓒ

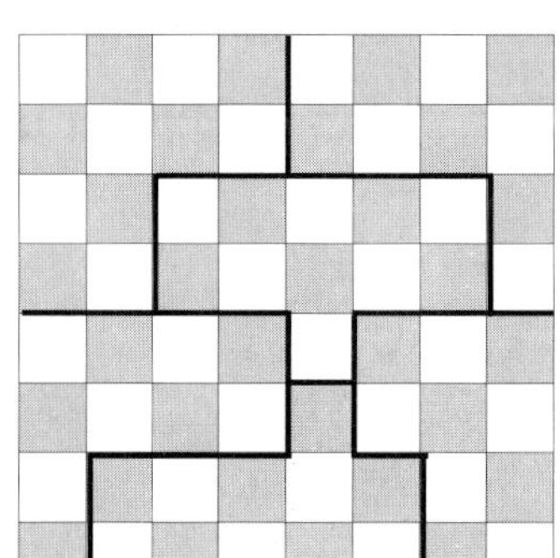

Flächen-Suchbild

1

a) Suche Dreiecke, Kreise, Quadrate und Rechtecke.
Färbe gleiche Formen mit gleicher Farbe.

b) Zähle die Flächen. △ ___ ○ ___ □ ___ ▭ ___

c) Ziehe um das Bild, parallel zum Rand, einen quadratischen Rahmen.

2

Mühlespiel

1

a) Suche folgende Längen im Mühlespiel und zeichne sie farbig nach.
blau: 6 cm rot: 18 cm grün: 12 cm

b) Suche parallele Linien, senkrechte Linien und rechte Winkel.

c) Spiele Mühle. Schneide dazu die Spielplättchen am unteren Rand aus oder nimm andere Spielsteine.

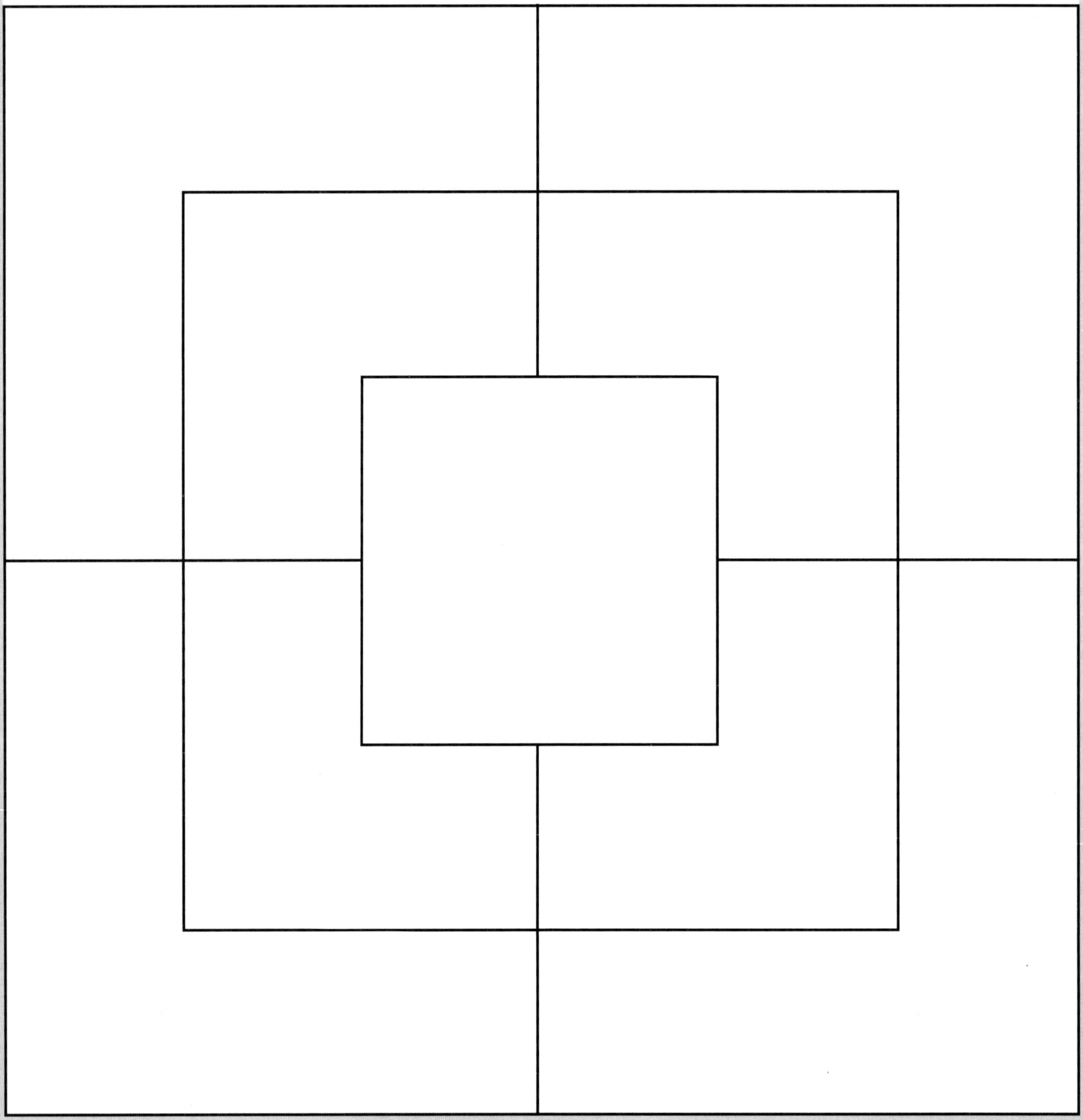

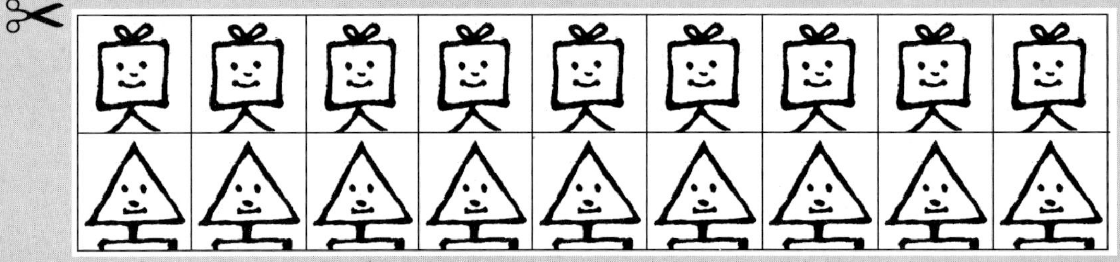